JN079360

2024年度版
医事コンピュータ技能検定
問題集 **3**級 ① 第53回〜56回
「コンピュータ関連知識」

CONTENTS

本書で学ばれる皆さんへ

　今や医学・医療においても他の分野と同様に、コンピュータなしでは成り立たない現状であることは多くの方々が認識されていることと思います。

　医療事務においても同様であり、現在では病院はもちろん、ほとんどのクリニックにまで医事コンピュータが導入されています。

　つまり、医療事務の知識とコンピュータに関する知識および医事コンピュータを操作する技能なくしては、もはや医療関連機関に勤務することは不可能に近い、ということが言えます。

　医療機関では、即戦力が求められることがよくありますが、まさに医事コンピュータ技能はその最たるものではないでしょうか。

　「医事コンピュータ技能検定試験」は、このようなニーズに応える、医事コンピュータについての関連知識と操作技能を証明する資格認定試験で、平成8年から医療秘書教育全国協議会により実施されています。

　試験領域は3つに分かれ、領域I.医療事務知識、領域II.コンピュータ関連知識、領域III.実技（オペレーション）の実技テストを60分で実施しています。

　本書は、過去に出題された問題に詳しい解説を加えたもので、教育機関においてのテキストとしてのみならず、自習用としても適していますので、ぜひ本書をもとに効率良く勉強され、一日も早く合格し医療関連機関で活躍されることを期待します。

　また、姉妹検定である「医療秘書技能検定」と併せて取得すれば、活躍の場は、さらに広がるものと確信しています。

一般社団法人
医療秘書教育全国協議会 前会長

日野原重明

受験要綱

試 験 日	毎年、6月・11月に実施します。

実 施 級	準1・2・3級

試験時間

●実施要項により、会場によって異なります。
※受験票にて、お知らせします。
●試験は次の要領で行います。

問題①	領域Ⅰ「医療事務」	30分
問題②	領域Ⅱ「コンピュータ関連知識」	30分
問題③	領域Ⅲ「実技（オペレーション）」	60分

（注意）
・問題①の「医療事務」と、問題③「実技（オペレーション）」の試験のみ、ノート・参考書の持ち込みは自由です。
・試験会場内への携帯電話、電子通信機器のスイッチはOFFに。時計代わりの使用もできません。
・解答はマークシート方式ですので、HBかBの鉛筆と消しゴムを必ずご持参ください。

試 験 場

一般受験者は、受験願書に添付されている会場一覧の中から、希望する会場を選び、受験願書の試験会場の欄に記入してください。但し、希望どおりにいかない場合があります。（受験会場の使用ソフトを確認してください）

受験手続

●受験資格／どなたでも受験できます。
●試験料／準1級6,300円（会員校）8,600円（一般）
　　　　　2級5,300円（会員校）7,500円（一般）
　　　　　3級4,300円（会員校）6,400円（一般）
　　　　併願　2・3級　会員校　8,600円　一般 13,900円
　　　　併願　準1・2級　会員校 10,600円　一般 16,100円
　　　　（納入された受験料の返金はしかねます）
●申込期間／試験日の2か月前から約1か月前までです。
●申込方法／（一般申込の場合）「受験料」を振込後、「受験願書」を、
　　　　　　下記まで申し込み期間内に必着で送付してください。

> **受験料振込口座**
> 三井住友銀行　西葛西支店（普）No.1319022
> 一般社団法人　医療秘書教育全国協議会
> **願書送付先**
> 〒171-0014 東京都豊島区池袋2-65-18 池袋WESTビル
> 医療秘書教育全国協議会　第2分室（電話03-3557-3775）

受験票の交付

願書の処理後、試験日の2週間前くらいにお送りします。(団体申込の場合は、担当の先生、または学校事務局にお送りします)

合否通知

合否通知は試験日の約1か月半後にお送りします。

合格基準

配点は、領域Ⅰ60点、領域Ⅱ60点、領域Ⅲの60点で180点満点とします。
領域Ⅰ、領域Ⅱ、領域Ⅲ、ともに60％以上正解のとき合格となります。

3 級

程　度	領　域	内　　容
医療事務及び医事コンピュータについての基礎的な知識を有し、カルテ及び診療伝票を基に医事コンピュータを用いて正しいレセプトを作成することができる。	Ⅰ医療事務	①医療保険制度の概要及び診療報酬制度のシステムについて知識がある。 ②被保険者証その他の受診資格証の種別・患者負担金等を理解している。 ③診療報酬点数表の各部の通則・告示・通達の基本的な知識がある。 ④外来診療（在宅医療を含む）に関わる点数算定についての正しい知識がある。 ⑤「厚生労働大臣が定める基準等について」に関する基本的な知識がある。 ⑥「診療報酬請求書・明細書の記載要領について」の外来診療に関する項目の記載を理解している。
	Ⅱコンピュータ関連知識	①コンピュータの内部処理（情報表現）を理解している。 ②コンピュータの五大装置と機能を理解している。 ③周辺装置の種類と特徴を理解している。 ④インターフェースの種類と特徴を理解している。 ⑤ソフトウェアの種類と特徴を理解している。 ⑥オペレーティングシステムの種類と特徴を理解している。 ⑦アプリケーションソフト（ワープロ）の基本操作を理解している。
	Ⅲ実技（オペレーション）	①医事コンピュータを使用して、簡単な算定要件を付加した、平均的な外来診療例のカルテ及び伝票から、レセプトを作成することができる。 ②合計点数から保険の負担区分により、一部負担金を計算できる。

2 級

程　度	領　域	内　　容
医療事務及び医事コンピュータについての一般的な知識を有し、カルテ及び診療伝票を基に医事コンピュータを用いて正しいレセプトを速やかに作成することができる。	Ⅰ医療事務	①社会保険各法及び公費負担各法等の内容について相当の知識がある。 ②診療報酬点数表の各部の通則・告示・通達の相当な知識がある。 ③複雑な外来診療に関わる点数算定についての正しい知識がある。 ④入院診療に関わる点数算定についての正しい知識がある。 ⑤「厚生労働大臣が定める基準等について」に関する相当な知識がある。 ⑥「診療報酬請求書・明細書の記載要領について」の多岐の項目についての記載を理解している。
	Ⅱコンピュータ関連知識	①コンピュータの処理形態とネットワークの概要を理解している。 ②インターネットの概要と活用方法を理解している。 ③アプリケーションソフト（表計算）の基本操作を理解している。 ④データベースの概要を理解している。 ⑤基本的なファイルの種類と保存形式を理解している。 ⑥保健医療情報システムの概要を理解している。
	Ⅲ実技（オペレーション）	①医事コンピュータを使用して、やや複雑な算定要件、施設基準を付加した、平均的な外来診療例、入院診療例のカルテ及び伝票からレセプトを作成することができる。 ②コンピュータの特徴をつかみ、誤りの発生する個所を理解できる。 ③合計点数から保険の負担区分により一部負担金を計算できる。

準1級

程　度	領　域	内　　容
医療事務及び医事コンピュータに関する専門的な知識を有し、やや複雑多岐な業務を遂行することができる。併せてDPC制度全般についての正しい理解と深い知識を有し、やや複雑なカルテより、専用ソフトを用いて、DPCレセプトが作成できる。	Ⅰ 医療事務	①社会保険各法及び公費負担各法等の内容について実務上の幅広い知識がある。 ②診療報酬点数表の各部の通則・告示・通達の深い知識がある。 ③広い範囲の医療行為が行われている症例の複雑な点数算定について正しい知識がある。 ④「厚生労働大臣が定める基準等について」に関する深い知識がある。 ⑤「診療報酬請求書・明細書の記載要領について」の請求書及び明細書の細部まで理解し、レセプト記載やシステムの誤りを指摘することができる。 ⑥審査機関に関する知識を有し、返戻・減点レセプトに関する正しい対応ができる。 ⑦診断群分類別包括支払制度（DPC）について多岐にわたる知識がある。
	Ⅱ コンピュータ関連知識	①ネットワークとサーバの機能を理解している。 ②セキュリティに関するリスクと対策を理解している。 ③個人情報と権利の保護について概要を理解している。 ④医療情報に関する国の施策を理解している。 ⑤医療情報の標準化を理解している。 ⑥電子カルテシステムの法制度と基本操作を理解している。
	Ⅲ 実技(オペレーション)	①DPC制度を理解している。 ②医療機関別係数の体系を理解している。 ③DPCコーディングについて正しく理解している。 ④DPCにおける算定ルールについて正しく理解している。 ⑤①～④を踏まえ正確なDPCレセプトを作成できる。

医事コンピュータ技能検定
問題集 **3**級① 第53回～56回
「コンピュータ関連知識」

問題編

第53回（2022年6月11日実施）

医事コンピュータ技能検定試験
3級

試験問題②
　「コンピュータ関連知識」　試験時間　30分

（注意）

・解答は正しいものを1つだけ選び、マークシート①の該当番号の○の箇所を塗りつぶすこと。

・試験問題①と②の終了後、マークシート①を提出すること。

・HBかBのエンピツまたはシャープペンシルを使用のこと。

・試験問題②「コンピュータ関連知識」は、参考書の持ち込みはできません。

一般社団法人
医療秘書教育全国協議会

【コンピュータ関連知識】

○次の 21 ～ 50 の各質問について、正しい答えを①～③の中から選び、そのマーク欄を塗りつぶしなさい。

1．コンピュータ内部の情報表現に関する説明文で、空欄に入る適切なものを解答群から選びなさい。

コンピュータ内のICの1つの回路で記憶可能なのは電圧がかかっている状態「1」か電圧がかかっていない状態「0」のみのため、コンピュータ内部のデータやプログラム等は「0」か「1」の（ 21 ）進数で処理されている。この1桁の（ 21 ）進数で表した情報量の最小単位が（ 22 ）である。

（ 23 ）桁の（ 22 ）が（ 24 ）であり、データの容量を表す最小単位である。

21 { ① 2 ② 8 ③ 3 2 }
22 { ① クラスター ② パケット ③ ビット }
23 { ① 8 ② 1 2 8 ③ 1 6 }
24 { ① バイト ② レコード ③ ストレージ }

2．進数に関する問題で、次の説明文の空欄に入る適切なものを解答群から選びなさい。

16進数のBAは2進数に変換すると（ 25 ）である。

10進数の11は2進数に変換すると（ 26 ）である。

25 { ① 1 0 1 1 1 0 1 0 ② 1 1 0 1 1 0 0 1 ③ 1 0 1 0 1 1 0 0 }
26 { ① 1 0 0 1 ② 1 1 0 1 ③ 1 0 1 1 }

3．次のコンピュータの五大装置の説明文で、空欄に入る適切なものを解答群から選びなさい。

コンピュータの五大装置には、命令に従って全ての装置に指令を出す（ 27 ）装置、（ 27 ）装置の指示で計算や比較判断等の処理をする（ 28 ）装置、プログラムやデータを格納しておく（ 29 ）装置、人間の指示を取り入れる（ 30 ）装置、外部に送信する（ 31 ）装置がある。

また、（ 27 ）装置、（ 28 ）装置を合わせて（ 32 ）という。

27 { ① 記憶 ② 制御 ③ 演算 }
28 { ① 記憶 ② 制御 ③ 演算 }
29 { ① 記憶 ② 制御 ③ 演算 }
30 { ① 記憶 ② 入力 ③ 出力 }
31 { ① 記憶 ② 入力 ③ 出力 }
32 { ① Dot ② CPU ③ Hz }

4．次の周辺装置に関する説明文で、空欄に入る適切なものを解答群から選びなさい。

- プリンタのカラー表現法は（　33　）方式である。これは、シアン、マゼンタ、イエローの混合によって色彩が表現され色を重ねるごとに暗くなる特徴を持つ。
- ディスプレイのカラー表現法は（　34　）方式である。これは、レッド、グリーン、ブルーの混合によって色彩が表現され色を重ねるごとに明るくなる特徴を持つ。

33 { ① 加法混色　　② 減法混色　　③ 加減混色 }
34 { ① 加法混色　　② 減法混色　　③ 加減混色 }

5．次の光学式読取装置に関する説明文で、空欄に入る適切なものを解答群から選びなさい。

　光学式読取装置で、写真や雑誌などの印刷媒体をデジタル情報に変換する装置を（　35　）という。また、太さの異なる縦線で表現されたデータを読み取る装置を（　36　）という。その他、手書き文字を読み取る装置を（　37　）、アンケート用紙など鉛筆で塗りつぶした部分を読み取る装置を（　38　）という。

35 { ① ＯＣＲ　② スキャナ　　③ バーコードリーダ }
36 { ① ＯＣＲ　② スキャナ　　③ バーコードリーダ }
37 { ① ＯＣＲ　② ＯＭＲ　　③ ＭＩＣＲ　　　 }
38 { ① ＯＣＲ　② ＯＭＲ　　③ ＭＩＣＲ　　　 }

6．次のインターフェースの説明文、もしくは用語に該当する適切なものを解答群から選びなさい。

39 コンピュータと周辺装置との接続で、電波を用いているインターフェース
　　{ ① Ｂｌｕｅｔｏｏｔｈ　② ＩｒＤＡ　　③ ＵＳＢ２．０ }

40 コンピュータと人間が、アイコン等、視覚的な要素でやり取りするインターフェース
　　{ ① ＶＵＩ　　② ＣＵＩ　　③ ＧＵＩ }

41 ＨＤＭＩ
　　{ ① ブリッジを使うことで１２７台の周辺装置を接続可能なインターフェース
　　　② 音声や映像、信号を１本のケーブルで入出力可能なインターフェース
　　　③ アナログ信号をデジタル信号に変換可能なインターフェース　　　　　 }

42 デバイスドライバ
　　{ ① システムを初期化してもインストールしたデバイスドライバは有効である
　　　② インストールしたデバイスドライバは削除することはできない
　　　③ 接続されている周辺機器の制御、操作に必要なソフトウェアである　　 }

7．コンピュータ操作とＯＳ機能に関する説明文で、空欄に入る適切なものを解答群から選びなさい。

　　パソコン内のあらゆる電源を切ることを（　43　）といい、（　43　）した後に自動で
もう一度起動することを（　44　）という。（　44　）はソフトウェアをインストールし
た後やフリーズなど不具合が出たときなどに使用することが多い。パソコンで行っている作業はそ
のままで電源を完全に落とさず、画面と一部機能の電源だけを落とすだけのことを（　45　）
という。（　46　）とはシステムに自分の身元を示す情報を入力し、接続や利用開始を申
請することで、システムの保管している身元情報に一致すると、あらかじめ決められた権限
に基づいてそのシステムを利用することができる。

43　{ ① スリープ状態　② シャットダウン　③ 再起動　}
44　{ ① スリープ状態　② シャットダウン　③ 再起動　}
45　{ ① スリープ状態　② サインアウト　　③ 再起動　}
46　{ ① サインイン　　② サインアウト　　③ 再起動　}

8．ワープロソフト等で使用するフォントに関する説明文で、空欄に入る適切なものを解答群から選
びなさい。

　　書体の種類で（　47　）は横線と縦線の太さがほぼ同じで、横線の右端、曲り角の右肩に参
画の山がほとんどない書体で、視認性が高いためプレゼンテーション資料に使われる。（　48　）
は横線が細く縦線は太く、横線の右端、曲り角の右肩に三角形の山がある書体で、可読性が
高く新聞や書籍に使われる。（　49　）は（　47　）や（　48　）と違い書き文字に近い
形になっており、小学校学習指導要領の別表で標準とされている文字をもとに作られた書体であ
る。（　50　）は書道の筆で書かれたような線の幅のメリハリがあり、流れるような文字のこと
である。

47　{ ① 明朝体　② 草書体　③ ゴシック体 }
48　{ ① 明朝体　② 草書体　③ ゴシック体 }
49　{ ① 行書体　② 明朝体　③ 教科書体　}
50　{ ① 行書体　② 明朝体　③ 教科書体　}

第53回
3 級 医事コンピュータ技能検定試験答案用紙①

学 校 名 (出身校)		在学（　）年生 既卒

フリガナ		
受験者氏名	(姓)	(名)

受 験 番 号
（最後に番号とマークをもう一度確認すること）

番号を記入しマークしてください。

① ① ① ① ① ① ①
② ② ② ② ② ② ②
③ ③ ③ ③ ③ ③ ③
④ ④ ④ ④ ④ ④ ④
⑤ ⑤ ⑤ ⑤ ⑤ ⑤ ⑤
⑥ ⑥ ⑥ ⑥ ⑥ ⑥ ⑥
⑦ ⑦ ⑦ ⑦ ⑦ ⑦ ⑦
⑧ ⑧ ⑧ ⑧ ⑧ ⑧ ⑧
⑨ ⑨ ⑨ ⑨ ⑨ ⑨ ⑨
⑩ ⑩ ⑩ ⑩ ⑩ ⑩ ⑩

級 区 分	
準1級	①
2級	②
3級	●

答案種類	
筆記	●
実技	②

（問1つに対し、2つ以上のマークをすると不正解となります。）

問	解 答 欄	問	解 答 欄
1	① ② ③	26	① ② ③
2	① ② ③	27	① ② ③
3	① ② ③	28	① ② ③
4	① ② ③	29	① ② ③
5	① ② ③	30	① ② ③
6	① ② ③	31	① ② ③
7	① ② ③	32	① ② ③
8	① ② ③	33	① ② ③
9	① ② ③	34	① ② ③
10	① ② ③	35	① ② ③
11	① ② ③	36	① ② ③
12	① ② ③	37	① ② ③
13	① ② ③	38	① ② ③
14	① ② ③	39	① ② ③
15	① ② ③	40	① ② ③
16	① ② ③	41	① ② ③
17	① ② ③	42	① ② ③
18	① ② ③	43	① ② ③
19	① ② ③	44	① ② ③
20	① ② ③	45	① ② ③
21	① ② ③	46	① ② ③
22	① ② ③	47	① ② ③
23	① ② ③	48	① ② ③
24	① ② ③	49	① ② ③
25	① ② ③	50	① ② ③

MEMO

第54回（2022年11月12日実施）

医事コンピュータ技能検定試験
3級

試験問題②

「コンピュータ関連知識」　試験時間　30分

（注意）

・解答は正しいものを1つだけ選び、マークシート①の該当番号の○の箇所を塗りつぶすこと。

・試験問題①と②の終了後、マークシート①を提出すること。

・HBかBのエンピツまたはシャープペンシルを使用のこと。

・試験問題②「コンピュータ関連知識」は、参考書の持ち込みはできません。

一般社団法人
医療秘書教育全国協議会

【コンピュータ関連知識】

○次の $\boxed{21}$〜$\boxed{50}$ の各質問について、正しい答えを①〜③の中から選び、そのマーク欄を塗りつぶしなさい。

1．次の情報単位と一致するものを解答群から選びなさい。

$\boxed{21}$　ＧＢ
$\{$ ① 10^6B　② 10^9B　③ 10^{12}B $\}$

$\boxed{22}$　ＭＢ
$\{$ ① 10^6B　② 10^9B　③ 10^{12}B $\}$

$\boxed{23}$　ＴＢ
$\{$ ① 10^{10}B　② 10^{12}B　③ 10^{15}B $\}$

$\boxed{24}$　ＫＢ
$\{$ ① 10^3B　② 10^6B　③ 10^9B $\}$

2．次の文章にあう単位を解答群から選びなさい。

$\boxed{25}$　情報量の最小単位。
$\{$ ① ｂｉｔ　② ｂｙｔｅ　③ Ｈｚ $\}$

$\boxed{26}$　ＣＰＵのクロック周波数の単位。
$\{$ ① ｂｉｔ　② ｃｐｓ　③ Ｈｚ $\}$

3．次のコンピュータの５大装置の説明として適切なものを解答群から選びなさい。

$\boxed{27}$　入力装置
$\{$ ① ハードディスク、ＵＳＢメモリ、ＣＤなどの装置
② スピーカー、プリンタ、ディスプレイなどの装置
③ カメラ、マイク、スキャナーなどの装置　　　　$\}$

$\boxed{28}$　制御装置
$\{$ ① プログラムやデータを保存する装置
② プログラムの解釈・実行や他の装置の制御を行う装置
③ 算術演算や論理演算のデータ処理を行う装置　　$\}$

$\boxed{29}$　演算装置
$\{$ ① プログラムやデータを保存する装置
② プログラムの解釈・実行や他の装置の制御を行う装置
③ 算術演算や論理演算のデータ処理を行う装置　　$\}$

$\boxed{30}$　記憶装置
$\{$ ① プログラムやデータを保存する装置
② プログラムの解釈・実行や他の装置の制御を行う装置
③ 算術演算や論理演算のデータ処理を行う装置　　$\}$

31 出力装置

　{ ① ハードディスク、USBメモリ、CDなどの装置

　　② スピーカー、プリンタ、ディスプレイなどの装置

　　③ カメラ、マイク、スキャナーなどの装置　　　　　}

32 中央処理装置

　{ ① 入力装置と出力装置を合わせた装置

　　② 演算装置と制御装置を合わせた装置

　　③ 記憶装置と制御装置を合わせた装置　　　　　　　}

4．次のプリンタ・ディスプレイのカラー表現に関する説明文で空欄に入る適当なものを解答群から選びなさい。

　　・プリンタで使用される色は（　33　）の3色を合わせた（　34　）混合で表現されている。また、この3色を混ぜ合わせると（　35　）色となる。

　　・ディスプレイで使用される色は（　36　）の3色を合わせた（　37　）混合で表現されている。また、この3色を混ぜ合わせると（　38　）色となる。

33 { ① 赤・緑・青　② シアン・マゼンタ・イエロー　③ 紫・赤・黄 }

34 { ① 減法　② 重法　③ 加法 }

35 { ① 白　② 黒　③ 赤 }

36 { ① 赤・緑・青　② シアン・マゼンタ・イエロー　③ 紫・赤・黄 }

37 { ① 減法　② 重法　③ 加法 }

38 { ① 白　② 黒　③ 赤 }

5．下記の文章はインターフェースについて説明している。文章中の空欄に入る適当なものを解答群から選びなさい。

39 コンピュータとディスプレイを接続するためのインターフェースのうち、デジタル方式のディスプレイを始め、テレビやレコーダなどの接続も可能なインターフェースである。

　　{ ① D−sub　② DVI　③ HDMI }

40 情報機器間を短距離無線通信により接続するインターフェース。無線免許不要な周波数を用い、約10mの通信可能範囲であれば障害物があっても通信が可能である。

　　{ ① IEEE1394　② 赤外線通信　③ Bluetooth }

41 USBが有する特色の一つで、コンピュータからケーブルを通して接続した機器に電力を供給する機能のことをいう。

　　{ ① プラグアンドプレイ　② バスパワー　③ ホットプラグ }

42 アナログ信号でコンピュータとディスプレイを接続するインターフェースである。

　　{ ① HDMI　② AI　③ VGA }

6．次のショートカットキーの説明文として適切なものを解答群から選びなさい。

43 Ctr1+Z

{ ① 操作を元に戻す

② 全ての項目を選択する

③ 元に戻した操作をやり直す   }

44 Ctr1+Y

{ ① 操作を元に戻す

② 全ての項目を選択する

③ 元に戻した操作をやり直す   }

45 Ctr1+X

{ ① 切り取り、コピーした項目を貼り付ける

② 選択した項目をコピーする

③ 選択した項目を切り取る   }

46 Ctr1+V

{ ① 切り取り、コピーした項目を貼り付ける

② 選択した項目をコピーする

③ 選択した項目を切り取る   }

7．次のワープロソフトに関する説明文で、空欄に入る適当なものを解答群から選びなさい。

・（ 47 ）とはウィンドウ内の表示領域を縦横方向に移動させるためのバーのことである。

・（ 48 ）とは文書ウィンドウの上部や細部に表示される目盛りのことである。

・（ 49 ）とは複数のラベルやはがきの宛先などを印字するのに適している印刷方法のことである。

・（ 50 ）とは1枚の用紙に2ページ分を印刷し、印刷された面が表になるように2つ折りにして閉じる方法のことである。

47 { ① ルーラ   ② タイトルバー   ③ スクロールバー }

48 { ① ルーラ   ② タイトルバー   ③ スクロールバー }

49 { ① 段組み   ② 袋とじ印刷   ③ 差し込み印刷　 }

50 { ① 段組み   ② 袋とじ印刷   ③ 差し込み印刷　 }

18

第54回

3級 医事コンピュータ技能検定試験答案用紙①

学 校 名 (出身校)		在学（　）年生 既卒

フリガナ	（姓）　　　　　　（名）
受験者氏名	

級 区 分

準1級	①
2級	②
3級	●

答案種類

筆記	●
実技	②

受 験 番 号
（最後に番号とマークをもう一度確認すること）

番号を記入しマークしてください。

①	①	①	①	①	①	①
②	②	②	②	②	②	②
③	③	③	③	③	③	③
④	④	④	④	④	④	④
⑤	⑤	⑤	⑤	⑤	⑤	⑤
⑥	⑥	⑥	⑥	⑥	⑥	⑥
⑦	⑦	⑦	⑦	⑦	⑦	⑦
⑧	⑧	⑧	⑧	⑧	⑧	⑧
⑨	⑨	⑨	⑨	⑨	⑨	⑨
⓪	⓪	⓪	⓪	⓪	⓪	⓪

（問1つに対し、2つ以上のマークをすると不正解となります。）

問	解 答 欄			問	解 答 欄		
1	①	②	③	26	①	②	③
2	①	②	③	27	①	②	③
3	①	②	③	28	①	②	③
4	①	②	③	29	①	②	③
5	①	②	③	30	①	②	③
6	①	②	③	31	①	②	③
7	①	②	③	32	①	②	③
8	①	②	③	33	①	②	③
9	①	②	③	34	①	②	③
10	①	②	③	35	①	②	③
11	①	②	③	36	①	②	③
12	①	②	③	37	①	②	③
13	①	②	③	38	①	②	③
14	①	②	③	39	①	②	③
15	①	②	③	40	①	②	③
16	①	②	③	41	①	②	③
17	①	②	③	42	①	②	③
18	①	②	③	43	①	②	③
19	①	②	③	44	①	②	③
20	①	②	③	45	①	②	③
21	①	②	③	46	①	②	③
22	①	②	③	47	①	②	③
23	①	②	③	48	①	②	③
24	①	②	③	49	①	②	③
25	①	②	③	50	①	②	③

MEMO

第55回（2023年6月17日実施）

医事コンピュータ技能検定試験 3級

試験問題②

「コンピュータ関連知識」　試験時間　30分

（注意）

- 解答は正しいものを1つだけ選び、マークシート①の該当番号の○の箇所を塗りつぶすこと。
- 試験問題①と②の終了後、マークシート①を提出すること。
- HBかBのエンピツまたはシャープペンシルを使用のこと。
- 試験問題②「コンピュータ関連知識」は、参考書の持ち込みはできません。

一般社団法人
医療秘書教育全国協議会

【コンピュータ関連知識】

○次の 21 ～ 50 の各質問について、正しい答えを①～③の中から選び、そのマーク欄を塗りつぶしなさい。

1．次の情報単位と一致するものを解答群から選びなさい。

21 10^{12}B
    { ①ＴＢ　②ＰＢ　③ＭＢ }

22 10^9B
    { ①ＧＢ　②ＭＢ　③ＫＢ }

23 10^3B
    { ①ＭＢ　②ＫＢ　③ＧＢ }

24 10^6B
    { ①ＥＢ　②ＴＢ　③ＭＢ }

2．次の文章にあう単位を解答群から選びなさい。

25 コンピュータで扱うデータ量を表す基本単位。
    { ①ｂｉｔ　②ｂｙｔｅ　③ｂｐｓ }

26 コンピュータで扱う情報の最小単位。
    { ①ｂｉｔ　②ｃｐｓ　③ｂｐｓ }

3．次のコンピュータの5大装置の説明として、適切なものを解答群から選びなさい。

27 出力装置
    { ①ハードディスク、ＵＳＢメモリ、ＣＤなどの装置
    ②スピーカー、プリンタ、プロジェクターなどの装置
    ③デジタルカメラ、マイク、タブレットなどの装置　}

28 制御装置
    { ①算術演算や論理演算のデータ処理を行う装置
    ②主記憶装置にあるプログラムを解読し、各装置に動作指示を与える装置
    ③プログラムやデータを保存する装置　}

29 演算装置
    { ①算術演算や論理演算のデータ処理を行う装置
    ②主記憶装置にあるプログラムを解読し、各装置に動作指示を与える装置
    ③プログラムやデータを保存する装置　}

30 入力装置
    { ①ハードディスク、ＵＳＢメモリ、ＣＤなどの装置
    ②デジタルカメラ、マイク、タブレットなどの装置
    ③スピーカー、プリンタ、プロジェクターなどの装置　}

31 記憶装置

  { ①算術演算や論理演算のデータ処理を行う装置

    ②主記憶装置にあるプログラムを解読し、各装置に動作指示を与える装置

    ③プログラムやデータを保存する装置　　　}

32 キャッシュメモリとして利用されるRAM

  { ①DRAM

    ②SRAM

    ③SDRAM　　　}

4．コンピュータ操作に関する説明文で、空欄に入る適当なものを解答群から選びなさい。

　　タッチパネルの操作で、パネルに指を1回叩くことを（ 33 ）という。パネルに指をしばらく押し続けることを（ 34 ）といい、（ 34 ）しながら指を動かすことを（ 35 ）という。画面上の対象に触れ、指を離さず目的の位置まで動かすことを（ 36 ）という。2本の指を使い画像などを拡大する操作のことをピッチ（ 37 ）といい、拡大した画像を縮小する操作のことをピッチ（ 38 ）という。

33 { ①長押し　　②ダブルタップ　　③タップ　　}

34 { ①長押し　　②ダブルタップ　　③タップ　　}

35 　**問題不備除外**

36 { ①長押し　　②ドラッグ　　③スワイプ }

37 { ①アウト　　②イン　　③フリック }

38 { ①アウト　　②イン　　③フリック }

5．次のインターフェースの説明文として、適切なものを解答群から選びなさい。

39 データを1ビットずつ伝送する方式で、複数のビットが縦に並んで流れていく。

  { ①USB転送方式　②パラレル転送方式　③シリアル転送方式 }

40 複数ビットのデータを同時に並行して伝送する方式で、複数のビットが横に並んで流れるため効率が良いが、高速伝送時には同期が取り難い。

  { ①USB転送方式　②パラレル転送方式　③シリアル転送方式 }

41 コンピュータとディスプレイを接続するための有線方式のインターフェースで、アナログ信号を出力する

  { ①VGA　②IrDA　③DVI }

42 コンピュータとディスプレイを接続するための有線方式のインターフェースで、デジタル信号を出力する

  { ① VGA　②IrDA　③DVI}

6．OS（オペレーションシステム）に関する用語、説明文について適切なものを解答群から選びな
さい。

43 マルチタスク機能
　{ ①複数の作業を同時に実行できる機能のこと
　　②同時に複数の処理はこなせないので、一つ一つ処理を実行すること
　　③プログラムが自動で処理を行うこと。

44 プラグアンドプレイ機能
　{ ①パソコンの電源を入れたままの状態で周辺装置やケーブル接続を可能とする
　　　機能のこと。
　　②データを自動でバックアップする機能のこと。
　　③パソコンに新たに周辺機器を接続した際、接続した装置の検出などの設定を
　　　自動的に行う機能のこと。

45 Ｇｏｏｇｌｅが提供している、モバイル端末用のOS
　{ ①Ａｎｄｒｏｉｄ　　②ＩＯＳ　③Ｈａｒｍｏｎｙ　}

46 Ａｐｐｌｅ社が提供している、モバイル端末用のOS
　{ ①Ａｎｄｒｏｉｄ　　②ＩＯＳ　③Ｈａｒｍｏｎｙ　}

7．次の文書作成に関連する用語の説明文として、最も適切なものを解答群から選びなさい。

47 プロポーショナルフォント
　{ ①文字毎に文字幅が異なる
　　②文字幅が固定されている
　　③文字の形を演算により表現している　}

48 フッタ
　{ ①印刷面の上下左右の余白部分
　　②印刷面のページ下端部分
　　③印刷面のページ上端部分　　　　　　　}

49 禁則処理
　{ ①直前に行った操作を取り消す機能
　　②行頭や行末にあると不自然である特定文字や記号を、自動的に前行末
　　　に繰り上げたり次の行頭に繰り下げたりする機能
　　③入力済み文字や文字列を、指定した文字数に均等に配置する機能　　}

50 インデント
　{ ①文章の書き始めを左端よりずらして入力する場合に使用する機能
　　②文書の雛形に、別のファイルからデータを差し込んで印刷する機能
　　③作成した文書の印刷イメージを確認する機能　　　　　　　　}

第55回
3級 医事コンピュータ技能検定試験答案用紙①

学 校 名 (出身校)		在学（ ）年生 既卒

受 験 番 号
（最後に番号とマークをもう一度確認すること）

番号を記入しマークしてください。

フリガナ		
受験者氏名	(姓)	(名)

級 区 分	
準1級	①
2級	②
3級	●

答案種類	
筆記	●
実技	②

（問1つに対し、2つ以上のマークをすると不正解となります。）

問	解 答 欄	問	解 答 欄
1	① ② ③	26	① ② ③
2	① ② ③	27	① ② ③
3	① ② ③	28	① ② ③
4	① ② ③	29	① ② ③
5	① ② ③	30	① ② ③
6	① ② ③	31	① ② ③
7	① ② ③	32	① ② ③
8	① ② ③	33	① ② ③
9	① ② ③	34	① ② ③
10	① ② ③	35	① ② ③
11	① ② ③	36	① ② ③
12	① ② ③	37	① ② ③
13	① ② ③	38	① ② ③
14	① ② ③	39	① ② ③
15	① ② ③	40	① ② ③
16	① ② ③	41	① ② ③
17	① ② ③	42	① ② ③
18	① ② ③	43	① ② ③
19	① ② ③	44	① ② ③
20	① ② ③	45	① ② ③
21	① ② ③	46	① ② ③
22	① ② ③	47	① ② ③
23	① ② ③	48	① ② ③
24	① ② ③	49	① ② ③
25	① ② ③	50	① ② ③

MEMO

医事コンピュータ技能検定試験
3級

試験問題②

「コンピュータ関連知識」　試験時間　30分

（注意）

・解答は正しいものを1つだけ選び、マークシート①の該当番号の○の箇所を塗りつぶすこと。

・試験問題①と②の終了後、マークシート①を提出すること。

・HBかBのエンピツまたはシャープペンシルを使用のこと。

・試験問題②「コンピュータ関連知識」は、参考書の持ち込みはできません。

一般社団法人
医療秘書教育全国協議会

【コンピュータ関連知識】

○次の 21 ～ 50 の各質問について、正しい答えを①～③の中から選び、そのマーク欄を塗りつぶしなさい。

1．次の情報単位と一致するものを解答群から選びなさい。

21 ＧＢ

    { ①１０³Ｂ　　②１０⁶Ｂ　　③１０⁹Ｂ　　}

22 ＰＢ

    { ①１０¹⁵Ｂ　②１０⁹Ｂ　　③１０¹⁸Ｂ　}

23 ＭＢ

    { ①１０³Ｂ　　②１０⁶Ｂ　　③１０⁹Ｂ　　}

2．コンピュータ内部の情報表現に関する説明文で、空欄に入る適切な字句を解答群から選びなさい。

    コンピュータが扱う情報の最小単位は（　24　）であり、半角文字1文字を表すためには（　25　）（　24　）が必要となる。また、半角文字1文字を表す情報量の単位を（　26　）という。

24 { ①ビット　　②ドット　　③バイト }

25 { ①3　　　　②1　　　　③8　　　　}

26 { ①ビット　　②ドット　　③バイト }

3．次のコンピュータの5大装置の説明に当てはまるものを解答群から選びなさい。

    （　27　）：プログラムやデータを保存する。

    （　28　）：算術演算や論理演算のデータを処理する。

    （　29　）：主記憶装置にあるプログラムを解読し、各装置に動作指示する。

    （　30　）：プログラムやデータを主記憶装置内に取り込ませる。

    （　31　）：データやコンピュータの処理結果を外部に表示する。

    （　32　）：（　28　）と（　29　）を合わせた装置の名称をいう。

27 { ①演算装置　　②記憶装置　　③制御装置 }

28 { ①演算装置　　②記憶装置　　③制御装置 }

29 { ①演算装置　　②記憶装置　　③制御装置 }

30 { ①入力装置　　②出力装置　　③制御装置 }

31 { ①入力装置　　②出力装置　　③制御装置 }

32 { ①補助記憶装置　　②入出力装置　　③中央処理装置 }

4．次のプリンタの特徴に関する説明文で、該当するプリンタを解答群の中から選びなさい。

（　33　）：インクリボンをたたき印刷する

（　34　）：印字リボンを溶かして用紙に印刷する

（　35　）：インクを使用しない

（　36　）：設計図など精密な図表の作成に適している

（　37　）：立体物を造形する装置である

（　38　）：液体インク、固体インクを溶かしたものを微細ノズルから霧状に噴射し印刷する

33　{ ①ドットインパクトプリンタ　②熱転写プリンタ　③感熱プリンタ }

34　{ ①ドットインパクトプリンタ　②熱転写プリンタ　③感熱プリンタ }

35　{ ①ドットインパクトプリンタ　②熱転写プリンタ　③感熱プリンタ }

36　{ ①ＸＹプロッタ　②３Ｄプリンタ　③石版印刷プリンタ }

37　{ ①ＸＹプロッタ　②３Ｄプリンタ　③石版印刷プリンタ }

38　{ ①レーザプリンタ　②インクジェットプリンタ　③ラインプリンタ }

5．インターフェースに関する説明文で、空欄に入る適切な字句を解答群から選びなさい。

インターフェースの有線方式について、（　39　）とは、テレビやレコーダで広く活用されており、映像・音声・制御信号を１本のケーブルにまとめて送ることができる通信規格のことをいう。（　40　）とは、パソコンとディスプレイを接続するためのインターフェースで、アナログ映像信号を出力することができる。

39　{ ①ＤＶＩ　②ＨＤＭＩ　③ＶＧＡ }

40　{ ①ＤＶＩ　②ＨＤＭＩ　③ＶＧＡ }

無線方式のインターフェースのうち、（　41　）とは、赤外線を使って無線通信を行う規格のことで、機器との間の直線に障害物があると通信ができず、通信距離も１メートル程度しかない特徴をもつ。（　42　）とは、２．４ＧＨｚの電波を使って無線通信を行う規格のことで、機器の間に障害物があっても通信ができ、通信距離も１０メートル程度の特徴をもち、現在マウスやプリンタ、スマートフォンなどに広く活用されている。

41　{ ①ＵＳＢ　②ＩｒＤＡ　③Ｂｌｕｅｔｏｏｔｈ }

42　{ ①ＵＳＢ　②ＩｒＤＡ　③Ｂｌｕｅｔｏｏｔｈ }

6．GUIに関する説明文で、空欄に入る適切な字句を解答群から選びなさい。

　　GUIのコンポーネントについて、（ 43 ）は、複数の選択肢から1つだけ選択する場合に用いられる。（ 44 ）は、複数の選択肢から必要な項目を選択する場合に用いられる。

　　43 { ①ラジオボタン　　②チェックボックス　　③テキストボックス }
　　44 { ①ラジオボタン　　②チェックボックス　　③テキストボックス }

7．次のOSの機能に関する説明文として適当な名称を解答群から選びなさい。

　　45 パソコンの作業状態をメモリに保持しておき、ディスプレイやハードディスクを停止して消費電力を最小限の状態にする。
　　　{ ①サスペンド　　②ハイバネーション　　③仮想記憶 }

　　46 実メモリが不足する際、SSDやハードディスクなどのストレージをメモリとして使用する。
　　　{ ①サスペンド　　②ハイバネーション　　③仮想記憶 }

8．次の文書作成に関連する用語や説明文として適切なものを解答群から選びなさい。

　　47 直前に行った操作を取り消す機能
　　　{ ①アンドゥ　　②リドゥ　　③ペースト }

　　48 印刷面のページ上端部分
　　　{ ①マージン　　②ヘッダ　　③フッタ }

　　49 文字によって文字幅が異なるフォント
　　　{ ①アウトラインフォント　　②ビットマップフォント　　③プロポーショナルフォント }

　　50 ルーラ
　　　{ ①文書ウィンドウの上部等に表示される目盛り
　　　　②ウィンドウ内の表示領域を縦横方向に移動させるためのバー
　　　　③作成した文書の印刷イメージを確認する }

第56回
③級 医事コンピュータ技能検定試験答案用紙①

学校名 (出身校)		在学（ ）年生 既卒

フリガナ		
受験者氏名	(姓)	(名)

受 験 番 号
（最後に番号とマークをもう一度確認すること）

番号を記入しマークしてください。

① ① ① ① ① ① ①
② ② ② ② ② ② ②
③ ③ ③ ③ ③ ③ ③
④ ④ ④ ④ ④ ④ ④
⑤ ⑤ ⑤ ⑤ ⑤ ⑤ ⑤
⑥ ⑥ ⑥ ⑥ ⑥ ⑥ ⑥
⑦ ⑦ ⑦ ⑦ ⑦ ⑦ ⑦
⑧ ⑧ ⑧ ⑧ ⑧ ⑧ ⑧
⑨ ⑨ ⑨ ⑨ ⑨ ⑨ ⑨
⓪ ⓪ ⓪ ⓪ ⓪ ⓪ ⓪

級 区 分		答案種類	
準1級	①	筆記	●
2級	②	実技	②
3級	●		

（問1つに対し、2つ以上のマークをすると不正解となります。）

問	解 答 欄	問	解 答 欄
1	① ② ③	26	① ② ③
2	① ② ③	27	① ② ③
3	① ② ③	28	① ② ③
4	① ② ③	29	① ② ③
5	① ② ③	30	① ② ③
6	① ② ③	31	① ② ③
7	① ② ③	32	① ② ③
8	① ② ③	33	① ② ③
9	① ② ③	34	① ② ③
10	① ② ③	35	① ② ③
11	① ② ③	36	① ② ③
12	① ② ③	37	① ② ③
13	① ② ③	38	① ② ③
14	① ② ③	39	① ② ③
15	① ② ③	40	① ② ③
16	① ② ③	41	① ② ③
17	① ② ③	42	① ② ③
18	① ② ③	43	① ② ③
19	① ② ③	44	① ② ③
20	① ② ③	45	① ② ③
21	① ② ③	46	① ② ③
22	① ② ③	47	① ② ③
23	① ② ③	48	① ② ③
24	① ② ③	49	① ② ③
25	① ② ③	50	① ② ③

MEMO

医事コンピュータ技能検定

問題集 **3級**① 「コンピュータ関連知識」　第53回～56回

解答・解説編

※解答・解説部分は、必要に応じて本編より引き離してご利用ください。

第53回試験問題　解答・解説

[コンピュータ関連知識]

(問1つに対し、2つ以上マークをすると不正解となります。)

問	解　答　欄	問	解　答　欄
1	① ② ③	26	① ② ●
2	① ② ③	27	① ● ③
3	① ② ③	28	① ② ●
4	① ② ③	29	● ② ③
5	① ② ③	30	① ● ③
6	① ② ③	31	① ② ●
7	① ② ③	32	① ● ③
8	① ② ③	33	① ● ③
9	① ② ③	34	● ② ③
10	① ② ③	35	① ● ③
11	① ② ③	36	① ② ●
12	① ② ③	37	● ② ③
13	① ② ③	38	① ● ③
14	① ② ③	39	● ② ③
15	① ② ③	40	① ② ●
16	① ② ③	41	① ● ③
17	① ② ③	42	① ② ●
18	① ② ③	43	① ● ③
19	① ② ③	44	① ② ●
20	① ② ③	45	● ② ③
21	● ② ③	46	● ② ③
22	① ② ●	47	① ② ●
23	● ② ③	48	● ② ③
24	● ② ③	49	① ② ●
25	● ② ③	50	● ② ③

2

設問	解答	（全体または選択肢ごとの）解説
1. (21)	①	解説：コンピュータ内部の情報表現は、回路に電圧がかかっている状態「1」、電圧がかかっていない状態「0」の2通りで表現される。これらの「1」か「0」の単位は、コンピュータが扱う情報の最小単位であり、これらをビット（Bit）という。 ①【2】 ②【8】 ③【32】
1. (22)	③	解説：1.（21）解説を参照。 ①【クラスター】cluster 　ハードディスク上のデータを管理する際の最小単位を指す。 ②【パケット】Packet 　データ通信ネットワークを流れるデータの単位を指す。 ③【ビット】Bit 　コンピュータが扱う情報の最小単位を指す。
1. (23)	①	解説：1.（21）（22）解説を参照。 　8ビットの集まりで半角1文字分を表現することができる。この半角1文字分の情報量を1バイトという。また、半角2文字は全角1文字に相当するため、全角1文字の表現には2バイトが必要になる。その際のビット数は16ビットである。 ①【8】 ②【128】 ③【16】
1. (24)	①	解説：1.（21）（22）（23）解説を参照。 ①【バイト】Byte ②【レコード】Record 　データベース上の1件分の情報を指す。 ③【ストレージ】Storage 　情報機器のデータを長期間保管するための補助記憶装置のことである。 　主なものにハードディスクやSSD、フラッシュメモリ、DVD、CDなどがある。

2. (25)	①	解説：10 進数、2 進数、8 進数、16 進数の関係は次のとおりである。

解説：10 進数、2 進数、8 進数、16 進数の関係は次のとおりである。

10 進数	2 進数	8 進数	16 進数
0	0	0	0
1	1	1	1
2	10	2	2
3	11	3	3
4	100	4	4
5	101	5	5
6	110	6	6
7	111	7	7
8	1000	10	8
9	1001	11	9
10	1010	12	A
11	1011	13	B
12	1100	14	C
13	1101	15	D
14	1110	16	E
15	1111	17	F
16	10000	20	10

【16 進数 2 進数に変換する方法】
16 進数の 1 桁を 2 進数の 4 桁に変換し、その 4 桁の数値を並べることで求めることができる。

16 進数の BA を 2 進数に変換する

　　　16 進数の B は 10 進数では 11、2 進数では 1011、
　　　A は 10 進数では 10、2 進数では 1010 である。
　　　よって、16 進数 BA の 2 進数表現は 10111010 である。

① 【10111010】
② 【11011001】
③ 【10101100】

**2.
(26)　③**

解説：【10 進数 2 進数に変換する方法】
10 進数の数値を 2 で割り、求めた値をさらに 2 で割り続ける。最終的に割り切れなくなった時点での値と余り（1 か 0）の配列が 2 進数となる。

10 進数の 11 を 2 進数に変換する

　　　10 進数 11 を 2 で割り、求めた値を更に 2 で割り続ける。最終的に割り切れなくなった時点での値と余りの配列が 2 進数となる。よって解答は 1011 である。

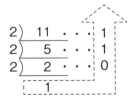

① 【1001】
② 【1101】
③ 【1011】

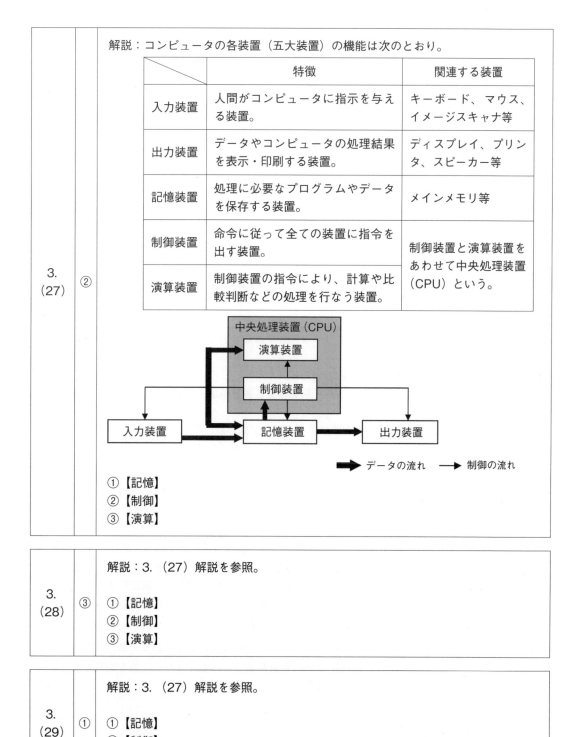

	3. (27)	②	解説：コンピュータの各装置（五大装置）の機能は次のとおり。

	特徴	関連する装置
入力装置	人間がコンピュータに指示を与える装置。	キーボード、マウス、イメージスキャナ等
出力装置	データやコンピュータの処理結果を表示・印刷する装置。	ディスプレイ、プリンタ、スピーカー等
記憶装置	処理に必要なプログラムやデータを保存する装置。	メインメモリ等
制御装置	命令に従って全ての装置に指令を出す装置。	制御装置と演算装置をあわせて中央処理装置（CPU）という。
演算装置	制御装置の指令により、計算や比較判断などの処理を行なう装置。	

① 【記憶】
② 【制御】
③ 【演算】

3. (28)	③	解説：3.（27）解説を参照。 ① 【記憶】 ② 【制御】 ③ 【演算】

3. (29)	①	解説：3.（27）解説を参照。 ① 【記憶】 ② 【制御】 ③ 【演算】

3. (30)	②	解説：3.（27）解説を参照。 ① 【記憶】 ② 【入力】 ③ 【出力】

3. (31)	③	解説：3.（27）解説を参照。 ① 【記憶】 ② 【入力】 ③ 【出力】

3. (32)	②	解説：3.（27）解説を参照。 ① 【Dot】 　ディスプレイ表示やプリンタ印刷で表現される文字や画像を構成する最小単位の点のことである。 ② 【CPU】Central Processing Unit 　中央処理装置とも呼ばれ、制御装置と演算装置で構成されている。 ③ 【Hz】 　CPU の処理速度を表す単位（クロック周波数）のことでヘルツという。数字が高ければ高いほど、処理速度が速いとされている。

4. (33)	②	解説：ディスプレイや装置、プリンタ装置による印刷物での色を表現する方式として、加法混色方式、減法混色方式がある。

方式	解説
加法混色方式	ディスプレイ装置等での色を表現する方式で、光の 3 原色である赤（Red）、緑（Green）、青（Blue）の混合により表現される。この方式では、色を重ねるごとに明るくなる。
減法混色方式	印刷物の色を表現する方式で、シアン（Cyan）、マゼンタ（Magenta）、イエロー（Yellow）の混合により表現される。この方式では、色を重ねるごとに暗くなり、3 色を等量で混ぜ合わせると黒色になる。

① 【加法混色】
② 【減法混色】
③ 【加減混色】
　造語のため解説はなし。

| 4.
(34) | ① | 解説：4.（33）解説を参照。

①【加法混色】
②【減法混色】
③【加減混色】 |

| 5.
(35) | ② | 解説：光学式的読み取り装置の主な種類は次のとおり。

（下表）

①【OCR】
②【スキャナ】
③【バーコードリーダ】 |

解説：光学式的読み取り装置の主な種類は次のとおり。

装置名	解説
OMR Optical Mark Reader	光学式マーク読取装置。鉛筆やマークペンで塗りつぶされたマークに光を当て読み取る。試験の解答用紙などで広く利用されている。
OCR Optical Character Reader	光学式文字読取装置。手書き文字などに光を当て文字パターンを認識して文字データを読み取る。郵便番号の自動読取りなどで利用されている。
イメージスキャナ Image Scanner	イラストや写真などをデジタル情報として読取る装置。ソフトウェアを用いて、OCR、OMR として利用することも可能である。
バーコードリーダ Bar Code Reader	太さの異なる縦線で表現されたデータ（バーコード）に光をあてて読み取る装置。商品販売や在庫管理などで利用されている。
QR コードリーダ	バーコードに比べて扱う情報量が多く、在庫管理やキャッシュレス決済、Web サイトの URL やメールアドレス等の情報伝達など幅広く普及している。日常生活に広く浸透し、専用の読取装置以外にもスマートフォンのカメラ機能と専用アプリでの読み取りが可能である。

①【OCR】
②【スキャナ】
③【バーコードリーダ】

| 5.
(36) | ③ | 解説：5.（35）解説を参照。

①【OCR】
②【スキャナ】
③【バーコードリーダ】 |

5. (37)	①	解説：5.（35）解説を参照。 ① 【OCR】 ② 【OMR】 ③ 【MICR】Magnetic Ink Character Recognition 　　磁気インク文字読取装置。磁性インクや磁性トナーを用いて印刷した文字を磁気的に読取る装置。小切手などで用いられている。

5. (38)	②	解説：5.（35）解説を参照。 ① 【OCR】 ② 【OMR】 ③ 【MICR】

6. (39)	①	解説：主な無線インターフェースは次の通りである。

装置名	解説
Bluetooth	無線免許不要な周波数帯を利用した短距離無線通信により接続するインターフェース。通信可能範囲（約 10m）であれば障害物があっても通信は可能である。
IrDA Infrared Data ssociation	赤外線を利用した無線通信インターフェース。通信を行う装置間に障害物がある場合には通信ができない。通信範囲は約 1m 以内、最大 4Mbps である。
NFC Near Field 　Communication	通信距離 10cm 程度の近距離無線通信技術。機器を近づける（かざす）ことで通信を行うことが可能である。非接触 IC カードや NFC 機能を搭載したスマートフォン等がある。

① 【Bluetooth】
② 【IrDA】
③ 【USB2.0】Universal Serial Bus
　コンピュータと周辺機器を接続するためのシリアル方式のインターフェースである。シリアル方式とはデータを 1 ビットずつ伝送する仕組みのことである。現在、USB には USB1.1、USB2.0、USB3.0 の規格があり、USB2.0 は USB1.1 よりも高速での伝送が可能である。さらに USB3.0 は USB2.0 よりも高速伝送が可能であるがコネクタの形状が異なる。

6. (40)	③	解説：コンピュータと人間とのインターフェースに関する主な用語は次のとおり。

解説：コンピュータと人間とのインターフェースに関する主な用語は次のとおり。

用語	解説
VUI Voice User Interface	音声により、指示を出してコンピュータを操作するインターフェース。
CUI Character User Interface	キーボードからコマンドを入力することによって、コンピュータを操作するインターフェース。
GUI Graphical User Interface	ウィンドウやアイコン、各種メニューなどを視覚的に表示し、マウスやタッチパネル等でコンピュータを操作するインターフェース。

① 【VUI】
② 【CUI】
③ 【GUI】

6.
(41)　②

解説：コンピュータとディスプレイを接続する主なインターフェースは次のとおりである。

装置名	解説
HDMI High-Definition Multimedia Interface	コンピュータとデジタル方式のディスプレイとを接続するインターフェースで、音声や映像、信号を1本のケーブルで接続することが可能である。DVI（デジタル方式のディスプレイを接続するインターフェース）を小型化し双方向通信を可能としたほか、デジタルテレビと接続するデジタルレコーダをはじめとした多くのAV機器にも搭載され急速に普及している。
VGA Video Graphics Array	VGA規格は、コンピュータとディスプレイを接続するためのインターフェースで、コンピュータのデジタル信号をアナログ信号に変換し表示するため画質の品質は低い。D-sub端子、アナログRGB端子ともよばれる。
DVI Digital Visual Interface	DVI規格は、コンピュータとディスプレイを接続するためのインターフェースで、デジタル対応のディスプレイに装備されている。DVI規格はコンピュータのデジタル信号をそのまま表示できるため画質の品質は高い。

① 【ブリッジを使うことで127台の周辺装置を接続可能なインターフェース】
② 【音声や映像、信号を1本のケーブルで入出力可能なインターフェース】
③ 【アナログ信号をデジタル信号に変換可能なインターフェース】

6. (42)	③	解説：デバイスドライバとは、コンピュータに接続された装置を制御、操作するために必要なソフトウェアのことで、ドライバともいう。 インストールしたデバイスドライバはアップデートすることで関係する装置の不具合改善や機能の追加等、最新の状態を維持することが可能である。また、接続していた装置が不要となった際には、デバイスドライバをアンインストール（削除）することも可能である。 ① 【システムを初期化してもインストールしたデバイスドライバは有効である】 ② 【インストールしたデバイスドライバは削除することはできない】 ③ 【接続されている周辺機器の制御、操作に必要なソフトウェアである】
7. (43)	②	解説：解答群の用語の特徴は次のとおり。 ① 【スリープ状態】Sleep 　OS やソフトウェアを一時的に停止させ、節電状態で待機させていること。電源を落とす状態（シャットダウン）とは異なり、停止前の状態から速やかに再開することができる。 ② 【シャットダウン】Shutdown 　コンピュータの電源を落とす（切る）操作をいう。シャットダウン後に起動する場合には OS の起動から始まるので起動時間を要する。 ③ 【再起動】Reboot 　稼働中のコンピュータの電源を落とした直後に再びコンピュータを起動させること。OS の基本設定の変更やソフトウェアインストールやアップデート後に行うことが多い。
7. (44)	③	解説：7.（43）解説を参照。 ① 【スリープ状態】 ② 【シャットダウン】 ③ 【再起動】
7. (45)	①	解説：7.（43）解説を参照。 ① 【スリープ状態】 ② 【サインアウト】 　サインアウトとは自分の身元情報でサインインしているシステムに、利用終了を申請することをいう。また、この申請とは逆に、利用しようとするシステムに自分の身元情報を入力し、利用を申請することをサインインいう。システムには事前に身元情報が登録されており、入力内容と一致することで利用可能となる。 ③ 【再起動】

7. (46)	①	解説：7.（43）（45）解説を参照。 ①【サインイン】Sign-in ②【サインアウト】Sign-out ③【再起動】

8. (47)	③	解説：解答群で扱ったフォントの特徴は次のとおりである。 <table><tr><td>フォント</td><td>特徴</td></tr><tr><td>明朝体</td><td>横線は細く縦線が太い。横線の右端等に三角形の山があるのが特徴。可読性が高く新聞等で用いられている。</td></tr><tr><td>ゴシック体</td><td>横線と縦線の太さがほぼ同じ。視認性が高いためプレゼンテーション資料に使われる。</td></tr><tr><td>行書体</td><td>毛筆のように線幅のメリハリ、流れるような書体である。</td></tr><tr><td>教科書体</td><td>筆書きで楷書体に近い書体。小学校教科書で使用されている。</td></tr><tr><td>草書体</td><td>速く書くために行書体を崩した書体である。</td></tr></table> ①【明朝体】 ②【草書体】 ③【ゴシック体】

8. (48)	①	解説：8.（47）解説を参照。 ①【明朝体】 ②【草書体】 ③【ゴシック体】

8. (49)	③	解説：8.（47）解説を参照。 ①【行書体】 ②【明朝体】 ③【教科書体】

8. (50)	①	解解説：8.（47）解説を参照。 ①【行書体】 ②【明朝体】 ③【教科書体】

第54回試験問題　解答・解説

[コンピュータ関連知識]

（問１つに対し、２つ以上マークをすると不正解となります。）

問	解　答　欄			問	解　答　欄		
1	①	②	③	26	①	②	●
2	①	②	③	27	①	②	●
3	①	②	③	28	①	●	③
4	①	②	③	29	①	②	●
5	①	②	③	30	●	②	③
6	①	②	③	31	①	●	③
7	①	②	③	32	①	●	③
8	①	②	③	33	①	●	③
9	①	②	③	34	●	②	③
10	①	②	③	35	①	●	③
11	①	②	③	36	●	②	③
12	①	②	③	37	①	②	●
13	①	②	③	38	●	②	③
14	①	②	③	39	①	②	●
15	①	②	③	40	①	②	●
16	①	②	③	41	①	●	③
17	①	②	③	42	①	②	●
18	①	②	③	43	●	②	③
19	①	②	③	44	①	②	●
20	①	②	③	45	①	②	●
21	①	●	③	46	●	②	③
22	●	②	③	47	①	②	●
23	①	●	③	48	●	②	③
24	●	②	③	49	①	②	●
25	●	②	③	50	①	●	③

設問	解答	（全体または選択肢ごとの）解説
1. (21)	②	解説：コンピュータの情報量を表す単位記号は次のとおりである。 <table><tr><th>記号</th><th colspan="2">単位</th></tr><tr><td>KB</td><td>10^3</td><td>約 1,000 バイト（千バイト）</td></tr><tr><td>MB</td><td>10^6</td><td>約 1,000,000 バイト（百万バイト）</td></tr><tr><td>GB</td><td>10^9</td><td>約 1,000,000,000 バイト（十億バイト）</td></tr><tr><td>TB</td><td>10^{12}</td><td>約 1,000,000,000,000 バイト（一兆バイト）</td></tr></table> ① 【10^6B】 ② 【10^9B】 ③ 【10^{12}B】
1. (22)	①	解説：1.（21）解説を参照。 ① 【10^6B】 ② 【10^9B】 ③ 【10^{12}B】
1. (23)	②	解説：1.（21）解説を参照。 ① 【10^{10}B】 ② 【10^{12}B】 ③ 【10^{15}B】
1. (24)	①	解説：1.（21）解説を参照。 ① 【10^3B】 ② 【10^6B】 ③ 【10^9B】
2. (25)	①	解説：コンピュータが扱う情報量の最小単位をビットといい、2 進数の 0 と 1 で表現する。また、8 ビットの集まりを 1 バイトという。1 バイトは半角英数文字 1 文字を表現し、2 バイトで全角 1 文字を表現することができる。 ① 【bit】 ビット ② 【byte】 バイト ③ 【Hz】 ヘルツ

2. (26)	③	解説：ヘルツは CPU の処理速度を表す単位（クロック周波数）である。クロック周波数とは CPU の処理速度を表す数値のことで、数字が高い程、処理速度が速い。 ① 【bit】 ビット ② 【cps】 Character per second 　　シリアルプリンタの印刷単位で、1 秒間に印刷できる文字数のことである。 ③ 【Hz】 ヘルツ

3. (27)	③	解説：コンピュータの五大装置の機能は次のとおり。

	特徴	関連する装置
入力装置	人間がコンピュータに指示を与える装置。	キーボード、マウス、スキャナ、カメラ、マイク等
出力装置	データやコンピュータの処理結果を表示・印刷する装置。	ディスプレイ、プロジェクタ、プリンタ、スピーカー等
記憶装置	処理に必要なプログラムやデータを保存する装置。	主記憶装置ではメインメモリ等。補助記憶装置ではハードディスク、USB メモリ、CD 等
制御装置	プログラムの命令に従って他の装置に指示を出す装置。	制御装置と演算装置をあわせて中央処理装置（CPU）という。
演算装置	制御装置の指示に従い、四則演算や比較判断などを行う装置。	

① 【ハードディスク、USB メモリ、CD などの装置】
② 【スピーカー、プリンタ、ディスプレイなどの装置】
③ 【カメラ、マイク、スキャナーなどの装置】

3. (28)	②	解説：3.（27）解説を参照。 ① 【プログラムやデータを保存する装置】 ② 【プログラムの解釈・実行や他の装置の制御を行う装置】 ③ 【算術演算や論理演算のデータ処理を行う装置】

3. (29)	③	解説：3.（27）解説を参照。 ① 【プログラムやデータを保存する装置】 ② 【プログラムの解釈・実行や他の装置の制御を行う装置】 ③ 【算術演算や論理演算のデータ処理を行う装置】

3. (30)	①	解説：3.（27）解説を参照。 ①【プログラムやデータを保存する装置】 ②【プログラムの解釈・実行や他の装置の制御を行う装置】 ③【算術演算や論理演算のデータ処理を行う装置】

3. (31)	②	解説：3.（27）解説を参照。 ①【ハードディスク、USB メモリ、CD などの装置】 ②【スピーカー、プリンタ、ディスプレイなどの装置】 ③【カメラ、マイク、スキャナーなどの装置】

3. (32)	②	解説：3.（27）解説を参照。 ①【入力装置と出力装置を合わせた装置】 ②【演算装置と制御装置を合わせた装置】 ③【記憶装置と制御装置を合わせた装置】

4. (33)	②	解説：プリンタで表現される色は、シアン（Cyan）、マゼンタ（Magenta）、イエロー（Yellow）の混合によって表現される。この方式を減法混色といい、色を重ねるごとに暗くなり、3色を等量で混ぜ合わせると黒色になる。 ディスプレイで表現される色は、赤（Red）、緑（Green）、青（Blue）から成る光の3原色の混合によって表現される。この方式を加法混色といい、色を重ねるごとに白色になる。 ①【赤・緑・青】 ②【シアン・マゼンタ・イエロー】 ③【紫・赤・黄】

4. (34)	①	解説：4.（33）解説を参照。 ①【減法】 ②【重法】 ③【加法】

4. (35)	②	解説：4.（33）解説を参照。 ①【白】 ②【黒】 ③【赤】

4. (36)	①	解説：4.（33）解説を参照。 ①【赤・緑・青】 ②【シアン・マゼンタ・イエロー】 ③【紫・赤・黄】

4. (37)	③	解説：4.（33）解説を参照。 ①【減法】 ②【重法】 ③【加法】

4. (38)	①	解説：4.（33）解説を参照。 ①【白】 ②【黒】 ③【赤】

5. (39)	③	解説：コンピュータとディスプレイを接続するインターフェースには D-sub、DVI、HDMI がある。それぞれの特徴は次のとおり。 ①【D-sub】D-Subminiature 　コンピュータとディスプレイを接続するためのインターフェースで、コンピュータのデジタル信号をアナログ信号に変換し表示するため画質の品質は低い。VGA、アナログ RGB 端子ともよばれる。 ②【DVI】Digital Visual Interface 　コンピュータとディスプレイを接続するためのインターフェースで、デジタル対応のディスプレイに装備されている。コンピュータのデジタル信号をそのまま表示できるため画質の品質は高い。 ③【HDMI】High-Definition Multimedia Interface 　コンピュータとデジタル方式のディスプレイとを接続するインターフェースである。DVI を小型化し双方向通信を可能としたほか、デジタルテレビと接続するデジタルレコーダをはじめとした多くの AV 機器にも搭載され急速に普及している。

解説：主なインターフェースの種類は次のとおり。

名称	特徴
USB	コンピュータ本体と周辺機器を接続するためシリアルインターフェース。ハブを用いて最大 127 台の周辺機器を接続できる。
IEEE 1394	デジタルビデオやオーディオ機器関係の接続に使用され、i.Link 端子、DV 端子とも呼ばれる。最大 63 台の周辺機器を接続でき、高速転送が可能である。
赤外線通信 IrDA	無線通信可能距離は最大 1m 程度、機器間の障害物や距離が離れている場合には通信ができない。ノートパソコンや携帯電話、スマートフォンに装備されている機種もあり、写真やデータ通信などに活用されている。
Bluetooth	携帯情報機器間を短距離無線通信により接続するインターフェース。無線免許不要な周波数帯を利用。赤外線と違い、通信可能範囲であれば障害物があっても通信可能である。

5.(40) ③

① 【IEEE1394】
② 【赤外線通信】
③ 【Bluetooth】

5.(41) ②

解説：解答群の用語の特徴は次のとおり。

① 【プラグアンドプレイ】Plug and Play
　新たに周辺装置を接続した際、接続した装置の検出やドライバ設定を自動的に行う機能である。
② 【バスパワー】Bus powered
　USB ポートに接続しパソコンから電力供給する機能のことである。マウスやキーボード、USB メモリ、比較的電力量が少ないポータブルハードディスクなどがある。
③ 【ホットプラグ】Hot plug
　パソコンを再起動や電源を切ることなく、デバイスを接続したりケーブルを差し換えたりすることができる機能をいう。

5.(42) ③

解説：5.（39）解説を参照。

① 【HDMI】
② 【AI】Artificial Intelligence
　人間の営みを人工的に作られたコンピュータシステムのことを指す。
③ 【VGA】
　別名、D-sub、アナログ RGB 端子ともよばれる。

6. (43)	①	解説：Windowsのアプリケーション操作は、画面上のメニューからマウスで選択して実行するが、利用頻度が高い操作については、キー操作の組合せで実行することができる。このキー操作の組合せをショートカットキーという。

解説：Windowsのアプリケーション操作は、画面上のメニューからマウスで選択して実行するが、利用頻度が高い操作については、キー操作の組合せで実行することができる。このキー操作の組合せをショートカットキーという。

Ctrl＋F	検索・置換	Ctrl＋S	上書き保存
Ctrl＋X	切り取り	Ctrl＋Z	元に戻す
Ctrl＋C	コピー	Ctrl＋Y	繰り返し・やり直し
Ctrl＋V	貼付け	Ctrl＋P	印刷
Ctrl＋A	すべてを選択		

① 【操作を元に戻す】
② 【全ての項目を選択する】
③ 【元に戻した操作をやり直す】

6.（44） ③

解説：6.（43）解説を参照。

① 【操作を元に戻す】
② 【全ての項目を選択する】
③ 【元に戻した操作をやり直す】

6.（45） ③

解説：6.（43）解説を参照。

① 【切り取り、コピーした項目を貼り付ける】
② 【選択した項目をコピーする】
③ 【選択した項目を切り取る】

6.（46） ①

解説：6.（43）解説を参照。

① 【切り取り、コピーした項目を貼り付ける】
② 【選択した項目をコピーする】
③ 【選択した項目を切り取る】

7. (47)	③	解説：設問に関するワープロソフトの各部名称は次のとおり。 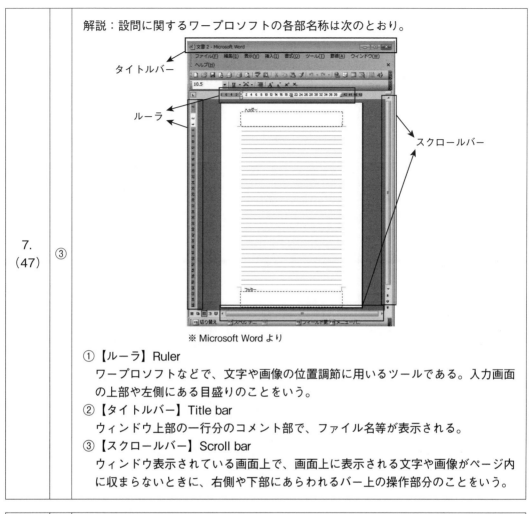 ※ Microsoft Word より ①【ルーラ】Ruler 　ワープロソフトなどで、文字や画像の位置調節に用いるツールである。入力画面の上部や左側にある目盛りのことをいう。 ②【タイトルバー】Title bar 　ウィンドウ上部の一行分のコメント部で、ファイル名等が表示される。 ③【スクロールバー】Scroll bar 　ウィンドウ表示されている画面上で、画面上に表示される文字や画像がページ内に収まらないときに、右側や下部にあらわれるバー上の操作部分のことをいう。

7. (48)	①	解説：7.（47）解説を参照。 ①【ルーラ】 ②【タイトルバー】 ③【スクロールバー】

| 7.
(49) | ③ | 解説：ワープロソフトで可能な主な印刷設定は次のとおり。

名称	内容
差し込み印刷	雛形となる文章中に特定データ（宛名、発送先など）を挿入したい場合に、別データを読み込んで印刷することである。
袋とじ印刷	1枚の用紙に2ページ分のデータを配置し、印刷面が表になるように2つ折りにして綴じるよう設定し印刷することである。

① 【段組み】
　ワープロ文書のレイアウトで、長い文章を読みやすくするために文章領域を複数段に分割して表示することをいう。
② 【袋とじ印刷】
③ 【差し込み印刷】 |

| 7.
(50) | ② | 解説：7.（49）解説を参照。

① 【段組み】
② 【袋とじ印刷】
③ 【差し込み印刷】 |

第55回試験問題　解答・解説

[コンピュータ関連知識]

（問１つに対し、２つ以上マークをすると不正解となります。）

問	解答欄	問	解答欄
1	① ② ③	26	● ② ③
2	① ② ③	27	① ● ③
3	① ② ③	28	① ● ③
4	① ② ③	29	● ② ③
5	① ② ③	30	① ● ③
6	① ② ③	31	① ② ●
7	① ② ③	32	① ● ③
8	① ② ③	33	① ② ●
9	① ② ③	34	● ② ③
10	① ② ③	35	① ② ③　問題不備除外
11	① ② ③	36	① ● ③
12	① ② ③	37	● ② ③
13	① ② ③	38	① ● ③
14	① ② ③	39	① ② ●
15	① ② ③	40	① ● ③
16	① ② ③	41	● ② ③
17	① ② ③	42	① ② ●
18	① ② ③	43	● ② ③
19	① ② ③	44	① ② ●
20	① ② ③	45	● ② ③
21	● ② ③	46	① ● ③
22	● ② ③	47	● ② ③
23	① ● ③	48	① ● ③
24	① ② ●	49	① ● ③
25	① ● ③	50	● ② ③

（問1〜20は解答欄に×印が付されています。）

設問	解答	（全体または選択肢ごとの）解説

| 1.
(21) | ① | 解説：コンピュータの情報量を表す単位記号は次のとおりである。 |

解説：コンピュータの情報量を表す単位記号は次のとおりである。

記号	単位
KB（キロ）	10^3 = 1,000 Byte （千バイト）
MB（メガ）	$(10^3)^2$ = 10^6 = 1,000,000 Byte （百万バイト）
GB（ギガ）	$(10^3)^3$ = 10^9 = 1,000,000,000 Byte （十億バイト）
TB（テラ）	$(10^3)^4$ = 10^{12} = 1,000,000,000,000 Byte （一兆バイト）
PB（ペタ）	$(10^3)^5$ = 10^{15} = 1,000,000,000,000,000 Byte （千兆バイト）
EB（エクサ）	$(10^3)^6$ = 10^{18} = 1,000,000,000,000,000,000 Byte （百京バイト）

①【TB】
②【PB】
③【MB】

1.（22） ①

解説：1.（21）解説を参照。

①【GB】
②【MB】
③【KB】

1.（23） ②

解説：1.（21）解説を参照。

①【MB】
②【KB】
③【GB】

1.（24） ③

解説：1.（21）解説を参照。

①【EB】
②【TB】
③【MB】

2.（25） ②

解説：コンピュータが扱うデータの基本単位（1、2、3・・・等の半角英数文字）をバイトという。また、情報量の最小単位をビットといい、2進数の0と1で表現する。8ビットの集まりは1バイトに相当し、2バイトで全角1文字を表現する。

①【bit】ビット
②【byte】バイト
③【bps】bits per second（1秒間に送信できるデータ量（情報量）のこと）

2. (26)	①	解説：2.（25）解説を参照。 ① 【bit】ビット ② 【cps】Character per second 　　シリアルプリンタの印刷単位で、1秒間に印刷できる文字数のことである。 ③ 【bps】bits per second

3. (27)	②	解説：コンピュータの五大装置の機能は次のとおり。

	特徴	関連する装置
入力装置	人間がコンピュータに指示を与える装置。	キーボード、タブレット、マウス、スキャナ、デジタルカメラ、マイク等。
出力装置	データやコンピュータの処理結果を表示・印刷する装置。	ディスプレイ、プロジェクタ、プリンタ、スピーカー等。
記憶装置	処理に必要なプログラムやデータを保存する装置。	主記憶装置ではメインメモリ等。補助記憶装置ではハードディスク、USB メモリ、CD 等。
制御装置	主記憶装置にあるプログラムを解読し、各装置に動作指示を与える装置。	制御装置と演算装置をあわせて中央処理装置（CPU）という。
演算装置	制御装置の指示に従い、算術演算や論理演算のデータ処理などを行なう装置。	

① 【ハードディスク、USB メモリ、CD などの装置】
② 【スピーカー、プリンタ、プロジェクタなどの装置】
③ 【デジタルカメラ、マイク、タブレットなどの装置】

3. (28)	②	解説：3.（27）解説を参照。 ① 【算術演算や論理演算のデータ処理を行う装置】 ② 【主記憶装置にあるプログラムを解読し、各装置に動作指示を与える装置】 ③ 【プログラムやデータを保存する装置】

3. (29)	①	解説：3.（27）解説を参照。 ① 【算術演算や論理演算のデータ処理を行う装置】 ② 【主記憶装置にあるプログラムを解読し、各装置に動作指示を与える装置】 ③ 【プログラムやデータを保存する装置】

3. (30)	②	解説：3.（27）解説を参照。 ①【ハードディスク、USB メモリ、CD などの装置】 ②【デジタルカメラ、マイク、タブレットなどの装置】 ③【スピーカー、プリンタ、プロジェクターなどの装置】

3. (31)	③	解説：3.（27）解説を参照。 ①【算術演算や論理演算のデータ処理を行う装置】 ②【主記憶装置にあるプログラムを解読し、各装置に動作指示を与える装置】 ③【プログラムやデータを保存する装置】

3.
(32) ②

解説：3.（27）解説を参照。

種類	速度	特徴
SRAM	高速	利用媒体：キャッシュメモリ等 ※記憶保持のための再書き込みが不要。
DRAM	遅い	利用媒体：主記憶装置（メインメモリ） ※記憶保持のための再書き込みが必要。
SDRAM	DRAM より速い	利用媒体：主記憶装置（メインメモリ） ※システムバスと同期して動作。

①【DRAM】
②【SRAM】
③【SDRAM】

4.
(33) ③

解説：タッチパネルの主な操作は次の通り。

・タップ　　　　　１回叩く
・ダブルタップ　　素早く２回叩く
・長押し　　　　　しばらく押し続ける
・ドラッグ　　　　長押ししながら指を動かす
・スワイプ　　　　素早く指で上下左右に動かす
・ピンチ　　　　　２本の指の距離を広げたり縮めたりする
　　ピンチアウト：広げることで拡大等の操作
　　ピンチイン　：縮めることで縮小等の操作

①【長押し】
②【ダブルタップ】
③【タップ】

4. (34)	①	解説：4.（33）解説を参照。 ①【長押し】 ②【ダブルタップ】 ③【タップ】

4. (35)		問題不備除外

4. (36)	②	解説：4.（33）解説を参照。 ①【長押し】 ②【ドラッグ】 ③【スワイプ】

4. (37)	①	解説：4.（33）解説を参照。 ①【アウト】 ②【イン】 ③【フリック】

4. (38)	②	解説：4.（33）解説を参照。 ①【アウト】 ②【イン】 ③【フリック】

5. (39)	③	解説：データの転送方式にはシリアル転送方式とパラレル転送方式の 2 つの種類がある。USB メモリのデータ転送方式はシリアル転送方式に属する。 （下表） ①【USB 転送方式】 ②【パラレル転送方式】 ③【シリアル転送方式】

転送方式	特徴
シリアル転送方式	データを 1 ビットずつ伝送する方式で、複数のビットが縦に並んで流れていくため、高速化しやすい。
パラレル転送方式	複数ビットのデータを同時に並行して伝送する方式で、複数のビットが並んで流れるため効率が良いが、高速伝送時には同期が取り難い。

5. (40)	②	解説：5.（39）解説を参照。 ① 【USB 転送方式】 ② 【パラレル転送方式】 ③ 【シリアル転送方式】

5. (41)	①	解説：解答群の用語の特徴と、コンピュータとディスプレイを接続する主なインターフェースは次の通りである。

装置名	解説
VGA Video Graphics Array	VGA 規格は、コンピュータとディスプレイを接続するためのインターフェースで、コンピュータのデジタル信号をアナログ信号に変換し出力する。画質の品質は低い。D-sub 端子、アナログ RGB 端子ともよばれる。
DVI Digital Visual Interface	DVI 規格は、コンピュータとディスプレイを接続するためのインターフェースで、デジタル対応のディスプレイに装備されている。DVI 規格はコンピュータのデジタル信号をそのまま出力する。画質の品質は高い。
HDMI High-Definition Multimedia Interface	コンピュータとデジタル方式のディスプレイとを接続するインターフェースで、音声や映像、信号を 1 本のケーブルで接続することが可能である。DVI（デジタル方式のディスプレイを接続するインターフェース）を小型化し双方向通信を可能としたほか、デジタルテレビと接続するデジタルレコーダをはじめとした多くの AV 機器にも搭載され急速に普及している。

① 【VGA】
② 【IrDA】Infrared Data Association
　　無線（赤外線）通信インターフェースのことである。かつてモバイルパソコン等に標準装備されていた。
③ 【DVI】

5. (42)	③	解説：5.（41）解説を参照。 ① 【VGA】 ② 【IrDA】 ③ 【DVI】

6. (43)	①	解説：マルチタスクとは、コンピュータが同時に複数の処理（タスク）を実行することをいう。これに対して、同時に複数の処理ができず一つ一つ処理することをシングルタスクという。 ①【複数の作業を同時に実行できる機能のこと】 ②【同時に複数の処理はこなせないので、一つ一つ処理を実行すること】 ③【プログラムが自動で処理を行うこと】

6.
(44)　③

解説：パソコンに周辺装置やケーブルを接続した際のOSの機能には、プラグアンドプレイ、ホットプラグがある。

名称	特徴
プラグアンドプレイ	パソコンに新たに周辺装置を接続した際、接続した装置の検出やデバイスドライバなどの設定を自動的に行う。
ホットプラグ	パソコンの電源を入れたままの状態でハードディスクなどの周辺装置やケーブルの接続を可能とする。

①【パソコンの電源を入れたままの状態で周辺装置やケーブル接続を可能とする機能のこと】
②【データを自動でバックアップする機能のこと】
③【パソコンに新たに周辺機器を接続した際、接続した装置の検出などの設定を自動的に行う機能のこと】

解説：主な OS の種類は次の通り。

種類	特徴
MS-DOS	マイクロソフト社開発の CUI 環境の OS。ディレクトリによるファイル管理、シングルユーザ、シングルタスク。
Windows	マイクロソフト社開発。最新は 11。これまで 10、8、2000、XP、Vista、Server など歴史がある。
UNIX	主にワークステーションで用いられる OS で、マルチタスク、分散処理、ネットワーク接続などで信頼性が高い。
Linux	UNIX と高い互換性をもつ。フリーソフトとして普及、ネットワークサーバ用 OS として使われることが多い。
MacOS	アップル社開発の Macintosh 用 OS。GUI 環境をいち早く採用し、MS-DOS や Windows に強い影響を与えた。
ChromeOS	Google 社開発の OS。Linux がベースになっている。
iOS	アップル社開発のスマートデバイス用 OS。
Android	Google 社開発のスマートデバイス用 OS。
HarmonyOS	ファーウェイ社開発のスマートデバイス用 OS。

① 【Android】
② 【IOS】
③ 【Harmony】

6.
(45) ①

6.
(46) ②

解説：6.（45）解説を参照。

① 【Android】
② 【IOS】
③ 【Harmony】

7. (47)	①	解説：フォントの表示方法、字間調節に関する種類は次の通り。 表示方法 表示方法 | 種類	特徴
ビットマップフォント	文字の形を点（ドット）で表現している。拡大すると曲線がギザギザになる。
アウトラインフォント	文字の形を演算により表現している。拡大しても滑らかな表現である。 | 字間調節 | 種類	特徴
等幅フォント	文字幅が固定されている。
プロポーショナルフォント	文字毎に文字幅が異なる。 | ①【文字毎に文字幅が異なる】 ②【文字幅が固定されている】 ③【文字の形を演算により表現している】

7. (48)	②	解説：印刷面の各部名称は次の通り。 | 名称	内容
マージン	印刷面の上下左右の余白部分
ヘッダ	印刷面のページ上端部分
フッタ	印刷面のページ下端部分 | ①【印刷面の上下左右の余白部分】 ②【印刷面のページ下端部分】 ③【印刷面のページ上端部分】

| 7.
(49) | ② | 解説：禁則処理とは、行頭や行末にあると不自然な特定の文字や記号を、自動的に前行末に繰り上げたり次の行頭に繰り下げたりする処理のことをいう。禁則処理がなされる行は、1 行あたりの文字数に増減が生じることがある。

①【直前に行った操作を取り消す機能】
　アンドゥのことである。また、取り消した作業をもう一度行う場合をリドゥという。
②【行頭や行末にあると不自然である特定文字や記号を、自動的に前行末に繰り上げたり次の行頭に繰り下げたりする機能】
③【入力済み文字や文字列を、指定した文字数に均等に配置する機能】
　文字の均等割付のことである。 |

7. (50)	①	解説：インデントとは、文章の書きはじめを左端よりずらして書き始める場合に使用する機能のことである。また、行の特定位置から文字入力する際にはタブを使用する。 ① 【文章の書き始めを左端よりずらして入力する場合に使用する機能】 ② 【文書の雛形に、別のファイルからデータを差し込んで印刷する機能】 　　差込印刷機能のことである。 ③ 【作成した文書の印刷イメージを確認する機能】 　　プレビュー機能のことである。

第56回試験問題　解答・解説

[コンピュータ関連知識]

（問1つに対し、2つ以上マークをすると不正解となります。）

問	解答欄			問	解答欄		
1	①	②	③	26	①	②	●
2	①	②	③	27	①	●	③
3	①	②	③	28	●	②	③
4	①	②	③	29	①	②	●
5	①	②	③	30	●	②	③
6	①	②	③	31	①	●	③
7	①	②	③	32	①	②	●
8	①	②	③	33	●	②	③
9	①	②	③	34	①	●	③
10	①	②	③	35	①	②	●
11	①	②	③	36	●	②	③
12	①	②	③	37	①	●	③
13	①	②	③	38	①	●	③
14	①	②	③	39	①	●	③
15	①	②	③	40	①	②	●
16	①	②	③	41	①	●	③
17	①	②	③	42	①	②	●
18	①	②	③	43	●	②	③
19	①	②	③	44	①	●	③
20	①	②	③	45	●	②	③
21	①	②	●	46	①	②	●
22	●	②	③	47	●	②	③
23	①	●	③	48	①	●	③
24	●	②	③	49	①	②	●
25	①	②	●	50	●	②	③

設問	解答	（全体または選択肢ごとの）解説
1. (21)	③	解説：コンピュータの情報量を表す単位記号は次のとおりである。 | 記号	単位
---	---
KB（キロ）	10^3 = 1,000 Byte（千バイト）
MB（メガ）	$(10^3)^2$ = 10^6 = 1,000,000 Byte（百万バイト）
GB（ギガ）	$(10^3)^3$ = 10^9 = 1,000,000,000 Byte（十億バイト）
TB（テラ）	$(10^3)^4$ = 10^{12} = 1,000,000,000,000 Byte（一兆バイト）
PB（ペタ）	$(10^3)^5$ = 10^{15} = 1,000,000,000,000,000 Byte（千兆バイト）
EB（エクサ）	$(10^3)^6$ = 10^{18} = 1,000,000,000,000,000,000 Byte（百京バイト）	 ①【10^3B】 ②【10^6B】 ③【10^9B】
1. (22)	①	解説：1.（21）解説を参照。 ①【10^{15}B】 ②【10^9B】 ③【10^{18}B】
1. (23)	②	解説：1.（21）解説を参照。 ①【10^3B】 ②【10^6B】 ③【10^9B】
2. (24)	①	解説：ビットはコンピュータが扱う情報の最小単位のことで、2進数の0と1で表現される。 　　　バイトは半角1文字を表す単位のことで、半角1文字（1バイト）の表現には8ビットが必要となる。また全角1文字の表現は半角2文字分に相当することから、全角1文字の表現には2バイトが必要となる。その際のビット数は16ビットである。 ①【ビット】 ②【ドット】 ③【バイト】

2. (25)	③	解説：2.（24）解説を参照。 ①【3】 ②【1】 ③【8】

2. (26)	③	解説：2.（24）解説を参照。 ①【ビット】 ②【ドット】 ③【バイト】

3. (27)	②	解説：コンピュータの五大装置の機能は次のとおり。

	特徴	関連する装置
入力装置	人間がコンピュータに指示を与える装置。（コンピュータに情報を取り込むための装置）	キーボード、タブレット、マウス、スキャナ、デジタルカメラ、マイク等
出力装置	データやコンピュータの処理結果を外部（モニターやプリンタ等）へ表示・印刷する装置。	ディスプレイ、プロジェクタ、プリンタ、スピーカー等
記憶装置	処理に必要なプログラムやデータを保存する装置。主記憶装置と補助記憶装置に分類される。	主記憶装置はメインメモリ等。補助記憶装置はハードディスク、USB メモリ、CD 等
制御装置	主記憶装置にあるプログラムを解読し、各装置に動作指示を与える装置。	制御装置と演算装置をあわせて中央処理装置（CPU）という。性能はクロック周波数（Hz：ヘルツ）にて示される。
演算装置	制御装置の指示に従い、算術演算や論理演算のデータ処理などを行なう装置。	

①【演算装置】
②【記憶装置】
③【制御装置】

3. (28)	①	解説：3.（27）解説を参照。 ①【演算装置】 ②【記憶装置】 ③【制御装置】

| 3. (29) | ③ | 解説：3.（27）解説を参照。

① 【演算装置】
② 【記憶装置】
③ 【制御装置】 |

| 3. (30) | ① | 解説：3.（27）解説を参照。

① 【入力装置】
② 【出力装置】
③ 【制御装置】 |

| 3. (31) | ② | 解説：3.（27）解説を参照。

① 【入力装置】
② 【出力装置】
③ 【制御装置】 |

| 3. (32) | ③ | 解説：3.（27）解説を参照。

① 【補助記憶装置】
② 【入出力装置】
③ 【中央処理装置】 |

4. (33)	①	解説：インクジェットプリンタは、インク（液体、もしくは固体インクを溶かしたもの）を多数の微細ノズルから霧状に噴射し紙に印刷するプリンタである。その他の主なプリンタは次の通り。

名称	特徴
ドットインパクトプリンタ （ワイヤドットプリンタ）	文字をドットの集まりで表現し、ドットに対応するワイヤでインクリボンをハンマーで打ちつけ印刷する。インクリボンを打ちつけることからインパクトプリンタと呼ばれる。印刷時の音は大きくなるものの、複写用紙を用いた書類の印刷に向いている。
熱転写プリンタ	印字ヘッドが熱くなり、印字リボンを溶かして用紙に印刷するプリンタで溶融型と昇華型に分類できる。溶融型はラベル印刷機などで利用され、昇華型は写真画質での印刷に適している。
感熱プリンタ	印字ヘッドに熱を持たせ、熱に反応する用紙に印字するプリンタ。インクを使わないためランニングコストが安く、レジや FAX などの印字で用いられている。
XY プロッタ	設計図など精密な図表を作成するための印刷装置で、色分けされた複数のペンを移動して作画する方式である。最近では、インクジェット方式、レーザ方式で印刷するものが主流となっている。
3D プリンタ	3D の設計データをもとに、樹脂等を溶かした材料を層積させて 3 次元の物体を造形する装置である。複雑な形状を表現できる利点により、従来では難しいとされた造形が可能である。製造業を中心に幅広い分野で活用が進んでいる。
レーザプリンタ	レーザ光を用いて、感光体と呼ばれるドラムにトナー（炭素粉）を付着させて熱と圧力で紙に印刷をする。コピー機と同じ原理で、ページ単位で印刷するプリンタである。印字品質が良く、高速で、静かに印刷が可能である。
インクジェットプリンタ	液体インク、固体インクを溶かしたものを多数の微細ノズルから霧状に噴射し紙に印刷する。低価格でありながら高品質印刷が可能。家庭用プリンタで主流となっており、コピー機能やスキャナ機能等を持つ複合機もある。

① 【ドットインパクトプリンタ】
② 【熱転写プリンタ】
③ 【感熱プリンタ】

4. (34)	②	解説：4.（33）解説を参照。 ① 【ドットインパクトプリンタ】 ② 【熱転写プリンタ】 ③ 【感熱プリンタ】

4. (35)	③	解説：4.（33）解説を参照。 ① 【ドットインパクトプリンタ】 ② 【熱転写プリンタ】 ③ 【感熱プリンタ】

4. (36)	①	解説：4.（33）解説を参照。 ① 【XY プロッタ】 ② 【3D プリンタ】 ③ 【石版印刷プリンタ】

4. (37)	②	解説：4.（33）解説を参照。 ① 【XY プロッタ】 ② 【3D プリンタ】 ③ 【石版印刷プリンタ】

4. (38)	②	解説：4.（33）解説を参照。 ① 【レーザプリンタ】 ② 【インクジェットプリンタ】 ③ 【ラインプリンタ】

5. (39)	②	解説：コンピュータとディスプレイを接続する主なインターフェースは次の通りである。ディスプレイとのインターフェースで主なものは次の通り。

装置名	解説
DVI Digital Visual Interface	コンピュータとディスプレイを接続するためのインターフェースで、デジタル対応のディスプレイに装備されている。コンピュータのデジタル信号をそのまま出力する。画質の品質は高い。
HDMI High-Definition Multimedia Interface	コンピュータとデジタル方式のディスプレイとを接続するインターフェースで、音声や映像、信号を1本のケーブルで接続することが可能である。DVI（デジタル方式のディスプレイを接続するインターフェース）を小型化し双方向通信を可能としたほか、デジタルテレビと接続するデジタルレコーダをはじめとした多くのAV機器にも搭載され急速に普及している。
VGA Video Graphics Array	コンピュータとディスプレイを接続するためのインターフェースで、コンピュータのデジタル信号をアナログ信号に変換し出力する。画質の品質は低い。D-sub端子、アナログRGB端子ともよばれる。

① 【DVI】
② 【HDMI】
③ 【VGA】

5. (40)	③	解説：5.（39）解説を参照。 ① 【DVI】 ② 【HDMI】 ③ 【VGA】

5. (41)	②	解説：無線方式の主なインターフェースは次の通りである。

装置名	解説
IrDA Infrared Data Association	無線（赤外線）通信インターフェース。機器間に障害物があると通信はできない。また、通信距離は 1 メートル程度である。ノートパソコン等に装備されている。
Bluetooth	無線免許不要な 2.4GHz の周波数帯を使って無線通信を行うインターフェース。赤外線と違い、通信可能範囲（10 メートル程度）であれば障害物があっても通信が可能である。スマートフォンに標準装備である他、マウスやプリンタ等の周辺機器への接続にも活用されている。

① 【USB】Universal Serial Bus
　コンピュータと周辺機器を接続するためのシリアル方式のインターフェース。シリアル方式はデータを 1 ビットずつ伝送する特徴をもつ。データを一つずつ伝送する特徴をもつ。ハブを用いて最大 127 台の周辺機器を接続できる。
② 【IrDA】
③ 【Bluetooth】

5. (42)	③	解説：5.（41）解説を参照。 ① 【USB】 ② 【IrDA】 ③ 【Bluetooth】

		解説：GUI の主なコンポーネントは次の通り。

名称	特徴
ラジオボタン	小さな円を付けたメニューを一覧表示し、円内をクリックすることで選択させる。選択できる数は一つのみである。
チェックボックス	チェック可能なメニューを一覧表示し、クリックすることでレが表示され選択できる。複数選択が可能である。
リストボックス	メニューを一覧表示し、任意の選択肢をクリックして選択させる。
スピンボックス	ボックス内に表示されている数値をボックス横のアップダウンボタンで連続した数値を増減させて入力する。
プルダウンメニュー	メニューバーをクリックすると、ブランドカーテンのようにメニューが表示される。
ポップアップメニュー	右クリックでメニューが飛び出すように表示される。画面の任意の位置で表示が可能。

6. (43) ①

① 【ラジオボタン】
② 【チェックボックス】
③ 【リストボックス】

---

6. (44) ②

解説：6.（43）解説を参照。

① 【ラジオボタン】
② 【チェックボックス】
③ 【リストボックス】

解説：主な OS の種類は次の通り。

種類	特徴
サスペンド	パソコンの作業状態をメモリに保持しておき、ディスプレイやハードディスクを停止して消費電力を最小限の状態にする機能。スタンバイとも呼ばれる。
ハイバネーション	パソコンでの作業状態をハードディスクに保存し電源 OFF の状態とする動作をいう。再開時には OS やアプリケーションソフトを再起動せずに作業復帰が可能である。休止状態とも呼ばれ、ノートパソコンなどでバッテリーが切れる直前に自動で休止状態になる動作も含まれる。
仮想記憶	実メモリが不足する際、SSD やハードディスクなどのストレージをメモリとして使用する。
プラグアンドプレイ	コンピュータに周辺装置を接続する際、周辺装置をそのまま接続することで接続を自動的に認識し設定を行う機能をいう。
ホットプラグ	コンピュータに周辺装置を接続する際、コンピュータの電源を入れたままの状態で接続が可能である機能をいう。
バスパワー	USB ポートに周辺装置を接続することでパソコンから電力を供給することができる機能のことである。マウスやキーボード、USB メモリ、ポータブルハードディスク等がある。

7.
(45)　①

① 【サスペンド】
② 【ハイバネーション】
③ 【仮想記憶】

7.
(46)　③

解説：7.（45）解説を参照。

① 【サスペンド】
② 【ハイバネーション】
③ 【仮想記憶】

8. (47)	①	解説：フォントの表示方法、字間調節に関する種類は次の通り。

アンドゥ	アプリケーションの操作で、直前の操作を取り消す機能をいう。
リドゥ	「アンドゥ」で取り消した操作をやり直す機能をいう。
コピー	アプリケーションの操作で、選択した部分のデータを「複写」することをいう。
カット	アプリケーションの操作で、選択した部分のデータを「削除」することをいう。
ペースト	アプリケーションの操作で、コピーもしくはカットしたデータを「貼り付け」することをいう。

①【アンドゥ】
②【リドゥ】
③【ペースト】

8. (48)	②	解説：印刷面の各部名称は次の通り。

名称	内容
マージン	印刷面の上下左右の余白部分
ヘッダ	印刷面のページ上端部分
フッタ	印刷面のページ下端部分

①【マージン】
②【ヘッダ】
③【フッタ】

8. (49)	③	解説：フォントの表示方法、字間調節に関する種類は次の通り。 表示方法 | 種類	特徴
---	---
ビットマップフォント	文字の形を点（ドット）で表現している。拡大すると曲線がギザギザになる。
アウトラインフォント	文字の形を演算により表現している。拡大しても滑らかな表現である。 | 字間調節 | 種類	特徴
---	---
等幅フォント	文字幅が固定されている。
プロポーショナルフォント	文字毎に文字幅が異なる。	 ①【アウトラインフォント】 ②【ビットマップフォント】 ③【プロポーショナルフォント】

8. (50)	①	解説：ルーラーとは、ワープロソフトなどで文字や画像の位置調節に用いるツールである。入力画面の上部や左側にある目盛りのことをいう。 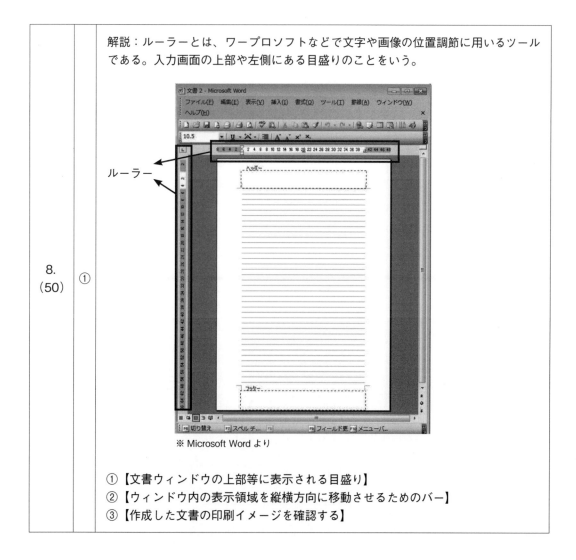 ※ Microsoft Word より ①【文書ウィンドウの上部等に表示される目盛り】 ②【ウィンドウ内の表示領域を縦横方向に移動させるためのバー】 ③【作成した文書の印刷イメージを確認する】

MEMO

MEMO

MEMO

MEMO

本問題集の内容についてのお問い合わせは

医療秘書教育全国協議会
TEL.03-5675-7077
FAX.03-5675-7078

までお願い致します。

■解説執筆者
　　野口　孝之

2024年度版
医事コンピュータ技能検定問題集3級①

2024年4月30日　　初版第1刷発行

編　者　医療秘書教育全国協議会
　　　　　医事コンピュータ技能検定試験委員会©
発行者　佐藤　秀
発行所　株式会社つちや書店
　　　　　〒113-0023　東京都文京区向丘1-8-13
　　　　　TEL 03-3816-2071　FAX 03-3816-2072
　　　　　http://tsuchiyashoten.co.jp

落丁本・乱丁本はお取り替え致します。

本書内容の一部あるいはすべてを許可なく複製（コピー）したり、スキャンおよびデジタル化等のデータファイル化することは、著作権法上での例外を除いて禁じられています。また、本書を代行業者等の第三者に依頼して電子データ化・電子書籍化することは、たとえ個人や家庭内の利用であっても、一切認められませんのでご留意ください。